NOUVELLES OBSERVATIONS

SUR

L'UNITÉ ITALIENNE

PAR

P.-J. PROUDHON

PARIS

E. DENTU, LIBRAIRE-ÉDITEUR

PALAIS-ROYAL, 17 ET 19, GALERIE D'ORLÉANS

—

1865

NOUVELLES OBSERVATIONS

SUR

L'UNITÉ ITALIENNE

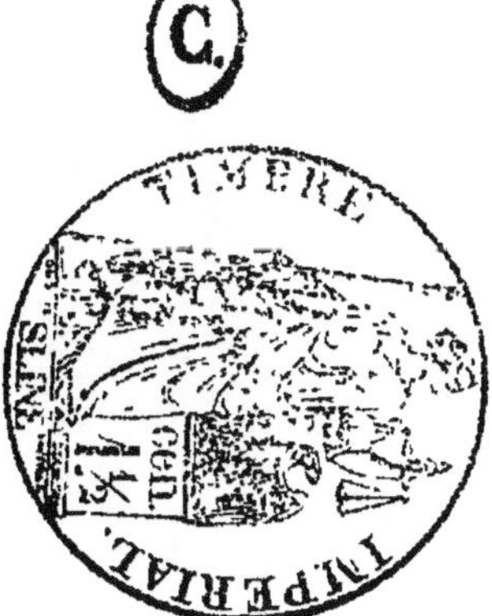

PARIS, IMPRIMERIE JOUAUST, RUE SAINT-HONORÉ, 338.

NOUVELLES OBSERVATIONS

SUR

L'UNITÉ ITALIENNE

PAR

P.-J. PROUDHON

PARIS

E. DENTU, LIBRAIRE-ÉDITEUR

PALAIS-ROYAL, 17 ET 19, GALERIE D'ORLÉANS

—

1865

Tous droits réservés.

Le dernier travail de M. Proudhon nous a
été adressé pour être publié dans *le Messager
de Paris*, journal politique, mais que sa spé-
cialité financière rend complétement indé-
pendant en le dégageant de tout système et
de tout parti.

Nous disions, en insérant dans les colonnes de ce journal les *Nouvelles Observations sur l'Unité italienne*, que c'était un grand
honneur pour nous que ce voisinage d'une
plume si érudite et si éloquente sur tous les
sujets dont elle s'empare, et nous nous esti-
mions heureux qu'elle continuât à s'exercer
en cette circonstance sur le plus important
de tous ceux que renferme la politique à
l'ordre du jour.

Les victoires de Magenta et de Solferino ,

et douze cents millions d'emprunt italien sous-
crits en France, nous donnent, ajoutions-
nous, le droit de penser que rien de ce qui
touche à l'Italie ne nous est étranger, et quand
l'auteur des *Contradictions économiques* fait de
nouveau acte de controverse dans la discus-
sion de l'unification, nous croyons qu'il ne
peut y avoir qu'honneur et profit à l'enre-
gistrer.

La meilleure manière de rendre hom-
mage à un mort illustre est, à nos yeux, de
rendre au public la dernière expression de
sa pensée.

C'est ce devoir que nous remplissons aujourd'hui, avec le concours de l'honorable
éditeur de P.-J. Proudhon.

CHAROLAIS.

NOUVELLES OBSERVATIONS

L'UNITÉ ITALIENNE

A Monsieur le Rédacteur en chef du MESSAGER DE PARIS.

Paris, 10 décembre 1864.

Monsieur le rédacteur,

Puisqu'il a plu à certains journalistes, parmi lesquels il suffit que je cite M. de Girardin, d'appeler sur moi, à propos de l'unité italienne, l'animadversion de l'opinion libérale, me permettrez-vous, à votre tour, de venir jeter dans l'impartialité de vos colonnes quelques paroles de justification? Je n'abuserai pas de votre complaisance. Et d'abord, j'ai regret de le dire, mais il faut que je le dise, je n'ai nulle envie d'engager, sur quelque question que ce soit, une polémique avec

M. de Girardin. Ni mes loisirs ni mes forces ne me le permettent. Je le pourrais, d'ailleurs, que je ne le voudrais pas. Plus d'une fois, dans ces dernières années, j'ai fait à M. de Girardin ce que j'appellerais volontiers, avec les professeurs d'escrime, un appel du pied : il n'y a pas répondu. J'ai eu, avec plusieurs de mes amis, à lui adresser, sur l'abus qu'il faisait de son journal vis-à-vis d'adversaires politiques privés d'organe, de légitimes remontrances : il ne les a point accueillies. M. de Girardin accorde la publicité de *la Presse* à ses gens et à ses heures, sans compter qu'il faut le saluer beaucoup trop bas. Et puis, l'avouerai-je ? je ne sais jusqu'à quel point il est permis de prendre au sérieux l'opinion de M. de Girardin sur l'unité italienne : tout à l'heure je dirai pourquoi. Ajoutons, pour finir, que j'ai lieu de croire que M. de Girardin, après avoir lu ces lignes, se gardera d'essayer une réplique. Voilà, vous en conviendrez, monsieur le rédacteur, plus de raisons qu'il n'en faut pour un galant homme pour déclarer qu'en essayant de justifier, une fois pour toutes, contre M. de Girardin et autres, ses confrères, une opinion longuement mûrie, il renonce à toute polémique.

M. de Girardin traite de *boutade* un article

écrit par moi, il y a bientôt deux ans, contre l'unification de l'Italie. D'autres, avec plus de pétulance encore que M. de Girardin, m'accusent de capucinade. De répondre à mes objections, personne, ni dans *la Presse*, ni dans *l'Opinion nationale*, ni dans *le Charivari*, ni dans *le Temps*, ni dans *le Siècle*, ni ailleurs, n'y songea jamais. Sous la loi de 1852, la presse soi-disant indépendante vous étrangle : c'est ainsi qu'elle entend et pratique la liberté. Eh bien, que MM. de Girardin et consorts, qui sans doute ne cherchent que la vérité, me permettent de leur poser, sur ce grave sujet de l'Italie unitaire, quelques questions très-simples, auxquelles leur science politique ne sera, j'aime à le croire, pas embarrassée de répondre. S'ils les résolvent de la manière qu'on est en droit d'attendre de publicistes honorables, ils auront rendu à la cause qu'ils défendent un éminent service, et je leur promets pour ma part de me convertir à l'unité. Que si, au contraire, comme il leur arrive trop souvent, ces messieurs ne savent que danser et cabrioler autour du pot, ils trouveront bon que je m'en tienne à mes boutades.

M. de Girardin et ses confrères ont habitué de traiter la politique à vol d'oiseau. Rien n'égale la rondeur et la sublimité de leurs conceptions. Les

différences les plus tranchées, les plus inconcilia-
bles, de territoires, de races, de traditions, d'intérêts, leur apparaissent, à la hauteur où ils se
placent, comme ces ombres indécises que l'on voit
sur le globe de la lune. Aussi rien ne les met en
peine ; ils découpent les États ou les arrondisse-
ments, ils parquent les peuples, ils font les constitutions, *ad libitum*. Ils n'eussent pas été plus
embarrassés, s'ils l'avaient voulu, de faire de
l'Italie une république confédérée, qu'ils ne l'ont
été d'en faire une monarchie unitaire : c'est ainsi
que ces génies mènent les affaires d'État ! Je suis
plus terre à terre : et c'est ce qui fait que je
n'ai jamais pu me trouver d'accord avec M. de
Girardin.

La politique, art ou science, je laisse à d'autres
le soin de la définition, se compose, selon moi, de
cinq éléments principaux : *Géographie, Ethnogra-
phie, Histoire, Économie politique, Droit des
gens*. Cela veut dire qu'en tout temps, pour faire
de bonne politique, il faut tenir scrupuleusement
compte de la configuration du territoire, de ses
franchises et de ses servitudes, du climat, du caractère des habitants, de leur passé, de l'état de
leur civilisation, de leurs rapports avec les autres
peuples. Il faut, dis-je, ne pas s'en tenir à des

théories abstraites, mais considérer en elles-mêmes les réalités, traiter les populations comme des collectivités vivantes, intelligentes et libres, non comme des chiffres. Or voici, résumé en quelques articles, ce qui m'a embarrassé dans la question italienne, lorsqu'après Solferino il fut question de faire de l'Italie une grande puissance, à l'instar des cinq qui se partagent la souveraineté de l'Europe moderne.

I

Géographie.

Toute agglomération d'hommes, comprise dans un territoire nettement circonscrit, et pouvant y vivre d'une vie indépendante, est prédestinée à l'autonomie. Petite ou grande, c'est ce qu'on appelle une puissance ou souveraineté, un État. Dans le groupe politique, de même que dans l'individu, la liberté ne supporte d'entraves que celles imposées par les nécessités territoriales, en autres termes, par les servitudes de voisinage. Plus donc il y aura d'indépendance entre les diverses fractions

d'un pays, île, presqu'île, continent, etc., plus
pour cette raison il y aura, de par la nature des
choses, de liberté entre les cités et leurs habitants ;
et cette liberté, pour ainsi dire indigène, sponta-
née, ne disparaîtra que par une cause étrangère,
la guerre ou la force. Plus, au contraire, les différentes parties d'un territoire seront en dépendance
les unes des autres et se commanderont mutuelle-
ment, plus il y aura de tendance à l'autocratie, qui
ne sera définitivement vaincue que par une division artificielle du pays, imitée de la division naturelle des États plus libres. Tel est le principe d'a-
près lequel se sont originairement formées, d'une
part, les grandes monarchies unitaires, de l'autre,
les républiques ou fédérations. Or, comme le
mouvement de la civilisation est dans le sens de la
liberté, il s'ensuit que là où l'indépendance de
l'individu et du groupe rencontre le moins d'ob-
stacles, là se manifeste le progrès dans son plus
grand essor ; là, au contraire, où la masse d'un
tout domine les parties, là aussi se rencontre l'im-
mobilisme, le retard. En sorte que, la géographie
d'un peuple étant donnée, on peut, comme l'a fait
voir Herder, prédire l'histoire.

D'un coup d'œil, à la seule inspection de la
mappemonde, vous jugez que le centre du mou-

vement civilisateur, le grand foyer de l'histoire, ne sera ni Thèbes, Babylone, Ninive, Persépolis, Ecbatane, ni, plus tard, Vienne, Moscou, Cracovie, Paris, Lyon ou Madrid. La civilisation a pu naître dans ces grandes vallées du Nil, du Gange, de l'Euphrate, du Danube, du Volga, du Rhin ou du Rhône ; elle a pu s'y développer pendant des siècles ; il se peut même que, sous l'influence des institutions politiques et des armées, elle semble à la fin s'y fixer. Là pourtant ne sont pas ses résidences naturelles et définitives. Le foyer de la civilisation, pendant les deux grandes périodes du paganisme et du moyen âge, ne pouvait être continental : ce rôle appartenait au bassin de la Méditerranée. Ce devait être, en premier lieu, les ILES, comme les Orientaux appelaient la Grèce ; c'était cette mer de beauté, symbolisée dans Aphrodite, et sur laquelle aboutissaient autant d'États indépendants que le navigateur parcourant les côtes pouvait compter de fleuves, de ports, de golfes, de vallées.

Partez de l'embouchure du Nil, et faites le tour de la Méditerranée en remontant par la Syrie : partout, à un moment donné, vous ne rencontrez que pays libres. La liberté est un don de la mer, parce que la mer, découpant la carte et rendant les cités indépendantes, refoule au loin, dans les hautes terres , avec les grandes dominations, la servitude. L'Asie Mineure, presque tout entière, est un faisceau de petits États qui ont leur sommet dans les montagnes , aux sources des fleuves, et leur base dans la mer. Traversez le Bosphore, et vous retrouvez la même configuration , symbole d'une même destinée, pour la Grèce , depuis Byzance jusqu'à Corfou. L'indépendance des États, leur fédération par la mer : voilà la liberté selon l'ordre de la nature ; voilà la civilisation antique ; voilà la Grèce.

Où s'étendent, en revanche, ces énormes et fabuleux empires, dont l'histoire apocalyptique continue d'amuser les enfants et les érudits, sans presque rien apprendre aux uns ni aux autres ? Sur les massifs traversés par les grands fleuves, indices ici de dépendance plus que de liberté. C'est l'Égypte, avec son fleuve unique, aux sources cachées ; l'Assyrie, assise sur le Tigre et l'Euphrate, absorbant, au loin et au large, dans sa sphère d'attraction, une foule de petits États que la nature aurait voulus libres ; c'est la Perse, qui lui succède, et qui, de nouveau et plus que jamais, menace les libertés maritimes, jusqu'au jour où elle sera terrassée par Alexandre. Xerxès fait battre de verges l'Hellespont : allégorie frappante du roi des rois, le despote oriental, qui a entrepris de faire violence à Aphrodite, déesse de la Mer et de la Liberté.

Et remarquez encore ceci : le progrès civilisateur, les services rendus au monde, sont surtout en raison inverse de l'immensité des empires. — Qu'avons-nous retenu de Babylone? Que nous ont laissé les Chaldéens et les Mages? Bien peu de chose; mais la Judée, la Phénicie, les villes grecques d'Asie, semées le long de la mer, la Grèce et ses îles, nous ont tout donné : philosophie, sciences, arts, lettres, politique, industrie, religion, lois, liberté. L'Égypte, cette grand'mère du genre humain, peut revendiquer encore le titre de première institutrice ; mais elle ne peut marcher. Elle a inventé la navigation, mais ce sont les Phéniciens et les Grecs qui font les voyages de découvertes. Les expéditions de ses fabuleux héros ne sont que des courses contre les sauvages infestant les champs cultivés, et auxquels on donne la chasse, comme à des bandes de singes ou à des nuées de moineaux. Quand se prononce le mouvement général, la vieille et impotente Égypte appartient au premier occupant : de même que l'Assyrie et la Perse, elle est la preuve que toute grande monarchie est prédestinée à la dissolution, que la vie est dans le par-

tage, et que la démocratie des nations est la loi de
l'humanité.

Ce que je viens d'observer dans la Grèce et
l'Orient, nous allons le retrouver en Italie et dans
le reste de l'Europe. ✦

La Presse, sentant vaguement l'importance de
ces considérations géographiques, et voulant ap-
puyer l'idée d'une Italie unitaire sur l'autorité
d'un grand nom, a cité un fragment du *Mémorial
de Sainte-Hélène*, dans lequel Napoléon Ier donne
à ses compagnons d'exil une leçon de géographie
politique. Le grand capitaine prend, avec le com-
pas, les dimensions de la Péninsule ; calcule, en
arpenteur, les distances, la superficie ; compte les
chaînes de montagnes, les fleuves, les villes, etc.
Toute sa géographie est d'un maître d'école doublé
de soldat. Ce qu'il a le mieux vu est le demi-cer-
cle des Alpes, formant un bastion naturel pour la
défense de l'intérieur. Napoléon était unitaire :
c'est tout simple. Chef d'armée, conquérant, héritier de César et de Charlemagne, comment n'eût-
il pas été centralisateur ? Parce que la Péninsule
se trouve comprise tout entière entre les Alpes et
la mer, il se dit qu'elle doit former un seul État :
c'est comme si l'on concluait de la rondeur du globe
à l'omniarchie de la terre. Ce qu'il y a de mer-

veilleux en Italie, Napoléon ne l'a pas seulement
aperçu : à savoir que toutes les parties dont elle se
compose sont aussi indépendantes les unes des autres, malgré leur contiguïté, que si elles avaient
été jetées à travers l'Océan : ce qui fait justement
qu'au lieu d'appeler l'unité, elles y répugnent.

Deux choses, je le répète, déterminent la for-
mation des grands États : la dépendance territoriale ou la conquête; une nécessité de nature, non
pas invincible cependant, ou la force des armes.
Quant à la raison politique, elle repousse de toutes
ses forces un pareil assemblage. Pourquoi donc,
je vous prie, réunir sous un même gouvernement
la Sicile, la Sardaigne et la Corse? Quel besoin
ces îles ont-elles l'une de l'autre ou du continent
opposé, pour leur police, leur agriculture, leur
industrie ? Le commerce seul pourrait motiver une
annexion; mais le commerce, de toutes les choses
la plus nécessaire après le travail, est alors celle
qui se passe le plus volontiers de centralisation.
N'avons-nous pas le libre échange ?... Mais voici
le plus triste. L'Italie est une longue presqu'île,
partagée dans sa longueur par une chaîne continue
de montagnes, de laquelle s'étendent, des deux
côtés, jusqu'à la mer, une multitude de vallées,
séparées par autant de crêtes et parfaitement indé-

2.

pendantes. On dirait le squelette d'un immense cé-
tacé. Constitution la plus originale et la plus déci-
dément fédéraliste qui soit au monde, puisque,
autant ces petites divisions sont rapprochées les
unes des autres et à portée de s'entre-secourir, autant elles sont indépendantes, dégagées de toute
entrave mutuelle.

On comprend, dans une certaine mesure, que
l'ancienne Gaule, tombée sous le glaive de César
et forcée de subir la centralisation romaine, ait
gardé la forme que lui avait imprimée la conquête.
Les villes du centre ayant besoin d'issue, l'unification semblait ici une conséquence forcée de l'existence générale. Il fallait à Paris Rouen et le
Havre ; à Lyon, Marseille ; à Toulouse, Bordeaux ;
à Orléans, Nantes, et ainsi du reste. Là, les grandes artères règlent le mouvement et se comman-
dent entre elles : c'est ainsi, par exemple, que la
Saône et la Seine ne pouvaient guère être séparées,
et que qui possédait la ligne de Mâcon, Châlon,
Besançon, Gray, devait finir par posséder la ligne,
adossée à la précédente, de Dijon, Auxerre, Sens,
Montereau, Melun.

Mais rien de semblable n'existe en Italie, à l'ex-
ception peut-être du bassin du Pô, dont il n'est
d'ailleurs pas impossible de faire une ligne de

jonction fédérale. Là, toute ville de quelque importance tient directement sa liberté et son autonomie
de la mer, et n'a besoin , pour ses affaires avec l'é-
tranger, du transit d'aucune autre : Venise, Ra-
venne, Rimini, Ancône , Bari, Otrante , Tarente ,
Reggio , sur l'Adriatique ; Naples , Rome , Civita-
Vecchia, Florence (sur l'Arno), Gênes, sur la Médi-
terrannée. A ce point de vue, on pourrait créer
soixante souverainetés en Italie : c'est ainsi qu'elle
vécut, du reste, pendant de longs siècles, avant
la conquête romaine. Puis, quand arriva la chute
de l'empire d'Occident, l'Italie ne fit pas comme la
Gaule ; elle ne conserva pas cette fausse unité que
lui avait imposée la conquête ; elle revint à sa constitution naturelle, et ce fut sur cette constitution
de l'Italie, comme sur une machine à engrenages,
que roula tout le moyen âge, de l'an 476 à l'an
1530 : tout ce qui, pendant plus de mille ans, fît
la pensée, la vie et la liberté du monde. A l'exemple et sous l'inspiration de l'Italie, se formèrent
d'autres confédérations : la hanse teutonique , les
Provinces-Unies, entre l'Escaut, la Meuse et le
Rhin ; la Suisse enfin, qui, reléguée dans les som-
mets des Alpes, peut être regardée comme une fédération tronquée, dont la mer s'est retirée peu à
peu. Le but de ces fédérations est facile à décou-

vrir : c'est de résister à l'entraînement des massifs
monarchiques : le massif gaulois, devenu bientôt le royaume de France ; le massif germanique ;
le massif slave et moscovite, à l'attraction desquels
la société moderne semble, pour un temps, s'être
abandonnée.

Il y a donc ici positivement une loi : loi de nature, qui est de tous les temps et de tous les pays ;
loi inviolable, qui s'impose aux nations et domine
de haut les gouvernements. M. de Girardin la re-
connaît-il, cette loi ? La nier serait se décerner à
lui-même un brevet d'aveuglement. Comment donc
ne tient-elle pas plus de place dans ses élucubra-
tions sur l'Italie ? Est-ce oubli de sa part ? L'omis-
sion serait plus impardonnable que la négation.
Par quoi donc espère-t-il, dans son Italie unitaire,
conjurer l'action incessante de la nature, refouler son indomptable influence ?

— Autres temps, autres idées, autre système,
dira peut-être M. de Girardin. — Mais on ne
change pas l'éternel ; et parce que nous avons inventé le chemin de fer, M. de Girardin s'imagine-
t-il que nous avons du même coup abrogé le fleuve,
ce chemin qui marche, et l'Océan ? Or, il s'agit ici
de la liberté, que M. de Girardin feint d'adorer
seule entre tous les dieux, et qu'il affecte de croire

possible sous tous les régimes ; de la liberté, dis-, je, qui, avant de trouver des armes dans ces in- struments du travail humain, a voulu se créer tout un système de forteresses dans la découpure des continents et des mers. Il s'agit de la civilisation tout entière, qui n'a marché jusqu'à ce jour, et ne marchera longtemps encore, que par la dissolution des grands empires et les alliances entre États li- bres ; il s'agit de la pensée fédéraliste, qui, mal- gré les plus déplorables erreurs, s'annonce sur tous les points de l'Europe et du globe comme le dernier mot de nos constitutions, et à laquelle on a voulu jeter, dans la création du royaume d'Italie, une nouvelle entrave. Mais qu'est-ce donc, encore une fois, que les peuples d'Italie attendent de cette unité? L'unité, c'est la servitude moderne, la ser- vitude raisonnée, mutuelle, constitutionnelle. Quelle compensation à l'antique indépendance?

Tous les jours on nous parle de *frontières natu- relles*. En attendant que l'on explique ce que l'on entend par ces deux mots: *frontières naturelles*, je dirai que la meilleure, la plus sûre, la plus natu- relle des frontières, est celle qui garantit aux po- pulations qu'elle sépare la liberté la plus complète, le *self-government* le plus absolu. Des frontières comme celles-là se rencontrent partout en Italie :

pourquoi s'obstine-t-on à ne les voir qu'aux Alpes et à la mer?

II

Ethnographie.

La religion et la morale, la science et le droit, ont, de tout temps, pris soin d'unir les hommes et de faire fraterniser les nations : là est la véritable unité, unité toute spirituelle, en dehors et au-dessus des volontés et des intérêts. J'ose dire que le devoir de la politique, d'accord en cela avec la nature, est de séparer, au contraire, au point de vue des intérêts et des fatalités matérielles, tout ce qui peut être séparé. Autant qu'un autre, plus que bien d'autres qui en parlent sans les connaître, je m'incline devant le principe de *nationalité* comme devant celui de la famille : c'est justement pour cela que je proteste contre les grandes unités politiques, qui ne me paraissent être autre chose que des confiscations de nationalités.

Le peuple de Sicile, par exemple, peut-il véritablement être dit italien? — Non, les Siciliens sont des Grecs que la domination romaine força,

comme tant d'autres, d'apprendre le latin ; Grecs,
du reste, un peu mêlés de sang sarrasin et carthaginois. Il en est de même des Calabres, que l'on
appelait jadis la Grande-Grèce, la Grèce occiden-
tale, Hespérie, et plus tard la seconde Sicile. Sui-
vant les traditions les plus antiques, les premiers
qui habitèrent la Sicile furent les *Sicaniens*, d'origine ibérique, ou pyrénéenne, venus le long de
la côte sud-est, — auxquels s'adjoignirent ensuite
les *Siciliens* ou *Sicules*, d'origine dalmate, venus
le long de la côte opposée, nord-est. Les Grecs
arrivèrent les derniers. Mais la civilisation sici-
lienne fut grecque, la langue, la littérature, la
politique, tout fut grec ; l'influence grecque se re-
trouve encore dans les mœurs actuelles. C'est la
raison, plus que suffisante, qui m'a fait dire que
la Sicile était grecque. D'italique, vous ne lui
trouverez que la langue, inoculée par la force.
Comment donc, depuis 1859, le royaume des Deux-
Siciles s'est-il subitement italianisé ? Suffit-il de
l'analogie, assez récente, des dialectes, pour conclure à l'unité de race ? Suffit-il que l'absolutisme
impérial ait imposé, il y a mille ou quinze cents
ans, sa langue aux vaincus, pour que nous en dé-
duisions aujourd'hui la conséquence de l'unification politique ? Qu'on allègue, en faveur de Victor-

Emmanuel, le droit de conquête, passe ; mais la nationalité, mensonge ! Qu'en dit la bonne foi de M. de Girardin ?

Puisqu'on voulait un royaume d'Italie, c'était le moins que la dynastie fût italienne : comment est-on allé choisir Victor-Emmanuel? Héritier de l'ancienne maison de Maurienne, Allobroge ou Savoyard d'origine, Victor-Emmanuel n'a rien du tout d'Italien. Il est roi d'Italie de la même manière que Maximilien est empereur du Mexique, prince d'importation étrangère. De quel droit Victor-Emmanuel a-t-il vendu à la France la Savoie et Nice? A quel titre a-t-il acquis la royauté de l'Italie? M. de Girardin n'a jamais écrit en tête d'un de ses livres : *La propriété ou la royauté c'est le vol.* Eh bien ! comment se fait-il qu'à cette heure le plus susceptible de nous deux sur cette usurpation de l'Italie, ce soit moi ?

Et Garibaldi, natif de Nice, actuellement sujet français, quoi qu'il en dise, Garibaldi, qui tantôt est pour la république, tantôt pour le royaume; Garibaldi, hôte, commensal, compère ou pensionnaire de Victor-Emmanuel, qui lui doit le royaume des Deux-Siciles Garibaldi ; lui-même est-il Italien? Et s'il n'est pas Italien, de quoi se mêle cet aventurier? Car enfin, d'après tout ce que nous

savons de sa vie, il est impossible de lui donner
une autre qualification. Garibaldi n'est pas plus
Italien que Victor-Emmanuel : il est de race ligurienne, répandue autrefois sur toute la lisière
maritime, depuis Barcelone jusqu'à Gênes. Les révolutions politiques ont coupé la Ligurie et en ont
rattaché les tronçons partie au Piémont, qui n'est
pas non plus de l'Italie, partie à la France, partie
à l'Espagne. Pourtant il exista au moyen âge, je
ne saurais en ce moment dire à quelle époque, une
sorte de royaume ligurien, allant d'Espagne en
France, jusque près de l'Italie, et dont Montpellier
était la capitale. C'était un dernier effort de la nationalité ligurienne. Mais, parce que les Ligures
ont été depuis des siècles rayés de la carte des
États, s'ensuit-il que les hommes de cette race
aient le droit de faire et défaire les royaumes, de
parler au nom de nationalités étrangères, d'effa-
cer arbitrairement celle-ci, de donner l'empire à
celle-là, de résister au progrès naturel de la civilisation, de bouleverser la politique et l'histoire ?
Quoi ! votre unité italienne a été bâclée par un
soldat ligurien, au profit d'un prince savoyard,
contre toute géographie et nationalité, et vous
voulez que je m'incline devant cette œuvre du machiavélisme et de la force ! Cherchez d'autres héros

et de meilleures raisons; car, je vous le déclare,
ni Victor-Emmanuel ni Garibaldi ne m'en im-
posent.

Je laisse de côté la Sardaigne et la Corse. — Je
ne puis m'empêcher de dire un mot de la Lombardie.

La Lombardie forme à elle seule une partie no-
table de la Péninsule, aujourd'hui la plus riche et
la plus civilisée. Là du moins nous pouvons nous
croire en pleine Italie. N'aurions-nous rien à dire
cependant sur cette nationalité? Je pose la question non pour le plaisir de chicaner, mais parce
qu'elle va nous révéler le vrai caractère de la population péninsulaire.

Chacun sait que, longtemps avant la conquête
romaine, le pays actuellement appelé Lombardie
se nommait *Gaule cisalpine;* que dès une époque
presque immémoriale elle avait reçu de nom-
breuses colonies gauloises; que ces colonies s'é-
tendaient sur les deux rives du Pô, d'où la Gaule
cisalpine prit encore les noms de *Gaule transpa-
dane* et *Gaule cispadane.* Peut-on dire, d'après cela,
que la Gaule cisalpine, au point de vue ethnographique, soit véritablement italienne? Quand Napoléon Ier réunit à son empire la Lombardie, dont
il fit le royaume d'Italie avec Milan pour capitale,

il avait certes plus raison, au point de vue de la nationalité, que Victor-Emmanuel annexant au Piémont la Sicile et Naples. Car enfin nous pouvons jusqu'à certain point, nous autres Gaulois, regarder Virgile et Tite-Live comme des compatriotes, tandis que Théocrite, Archimède, Dion, Hiéron, dont les noms sont tous grecs, ne sont certainement pas pour les *Taurini* des cousins germains.

Sans doute l'Italie a eu ses *aborigènes*; il a dû exister, il existe probablement encore de vrais Italiotes. Mais enfin nous ne les connaissons pas; ils n'ont pas fait parler d'eux; ils forment une minorité imperceptible, et il est impossible de déterminer leur rôle dans le faisceau des nationalités qui occupèrent la Péninsule. Avec les Sicanes, les Sicules, les Dalmates, les Grecs ou Pélasges (Thessaliens, Arcadiens, etc.), les Gaulois ou Celtes, qui de bonne heure l'envahirent et la peuplèrent, l'Italie reçut encore, à des époques anté-historiques, des Égyptiens, des Sémites, des Grecs d'Asie (Méoniens venus de la Lydie, plus tard nommés *Tusciens*, ou sacrificateurs, les Toscans), des Phrygiens, des Germains, des Phéniciens ou Carthaginois; comme dans les siècles postérieurs, elle vit arriver les Barbares, Hérules, Ostrogoths,

Lombards, Francs, Sarrasins et Normands. Pendant une période de vingt-cinq à trente siècles, les colonies viennent de tous côtés, comme un déluge, dans les vallées de l'Italie. Ainsi, dès avant le temps d'Abraham, les Sémites, descendus des montagnes de l'Arménie, franchissaient les plaines de la Chaldée, et inondaient les vallées de la Syrie et de la Palestine. Effet curieux de sa configuration géographique, et qui dès le commencement met en relief l'originalité de son histoire, l'Italie se peuple, par la mer et les passes des Alpes, de toutes sortes de nations. Les colons remontent les fleuves; ils s'avancent des bords de la Méditerranée et de l'Adriatique vers les crêtes, chassant devant eux les aborigènes, plus ou moins barbares, de l'Apennin et des Alpes (*Orobii*, montagnards), qui, après avoir été, par le droit de l'indigénat, les premiers propriétaires de la Péninsule, s'éclipsent dans son histoire.

On ne peut pas dire de l'Italie, comme de la Gaule, de l'Allemagne, de la Scandinavie, de la Moscovie, etc., qu'il y existe un noyau de population autochthone, formant sa nationalité. En Italie, il y a des populations de toute provenance, de tout caractère : au fond, il n'y a pas de race italienne. La nationalité italienne est une fiction.

Et voilà le pays dont il a plu à quelques hommes de faire un État à grande centralisation, un royaume unitaire, un peuple homogène ! C'est pour une semblable confusion qu'on ose invoquer tour à tour et le principe des nationalités et celui des frontières naturelles ! Comme si l'unité n'était pas, au point de vue des races, la dénationalisation ! Croit-on cependant que la force secrète, inhérente au sol et à ses habitants, qui jadis diversifia et maintint dans leurs caractères respectifs les peuples de la Péninsule ; qui fit le religieux Etrusque, le grave Sabin, père du belliqueux Samnite et d'une foule d'autres petits peuples, l'opulent et municipaliste Cisalpin ; qui, de la fusion de ces caractères, composa le patricial et juridique Romain ; croit-on que cette force que trente siècles de révolutions, d'oppression, n'ont pas épuisée, puisqu'elle est, comme la terre et les races, immortelle, cesse d'agir devant le bon plaisir et les formules constitutionnelles ? Les destinées seront-elles changées parce que l'on aura commandé à l'Italie aux cent portes et aux cent visages de se comporter comme si elle n'en avait qu'une demi-douzaine, attendu que six portes et six figures sont plus que suffisantes avec l'unité ?

Je suppose que l'on nous tienne, à nous autres

Français, peuple unitaire par excellence, ce lan-
gage :

Avec Brest, Cherbourg et Toulon, avec Calais,
Boulogne, le Havre, Saint-Nazaire, Bordeaux,
Cette et Marseille, vous avez tout ce qu'il faut à
votre marine de commerce et de guerre. Dix ports
bien placés suffisent à la France : à quoi bon cette
étendue de côtes sur la Méditerranée et l'Océan, et
ces innombrables issues qui éparpillent le travail,
multiplient les frais et semblent appeler l'ennemi ?
Dans un grand État centralisé, militaire, à grands
monopoles, dont la condition est d'être avant tout
bien fortifié, bien fermé, bien surveillé, bien ex-
ploité, la logique et la saine économie prescrivent
de refouler toute expansion divergente et de bou-
cher les communications inutiles...

Un tel discours nous paraîtrait ridicule ; nous
nous tiendrions pour offensés qu'on voulût, par ces
étranges barrières, restreindre nos débouchés.
Telle est en effet notre inconséquence que, tout en
faisant de la centralisation notre première loi, nous
regardons comme une des richesses de la France
et le plus grand avantage de sa position l'étendue
de ses côtes et la multitude de ses ports. C'est
pourtant à une conclusion de ce genre que doivent
aboutir les unitaires italiens. Un jour, si l'état de

guerre se maintient entre les puissances, l'Italie reconnaîtra que la mer qui l'environne, et qui devait assurer ses libertés, est le plus grand péril qui la menace. Là, bien plus qu'en France, l'incompatibilité entre la constitution territoriale et le système politique est flagrante, absolue. Faite comme elle est, ouverte à tous les vents, divisée de nations, opposée d'attractions, l'Italie, pour la fin nouvelle qu'on lui propose, est absurde. Ou bien l'esprit d'indépendance, immanent, indomptable jusque dans ses moindres parties, tuera en elle l'unité; ou bien, pour conserver cette unité impossible, il faudra entourer la Péninsule d'une chemise de force, en élevant sur ses côtes une muraille percée seulement de cinq ou six portes, et qui, partant du pied de la Corniche, se prolongerait jusqu'à Reggio, pour revenir ensuite, par Tarente, Ancône et Venise, à l'Isonzo.

III

Considérations historiques.

La constitution d'un État ne se moule pas seulement sur son territoire et ses habitants, elle se détermine aussi par la tradition. Comme elle est l'expression du génie national, elle l'est en même temps de l'histoire. Tout le monde est au courant de ces idées. Chacun de nous sait que les peuples ont leur vie comme les individus; que cette existence collective est une évolution dont les anneaux s'engendrent les uns les autres, et qui exclut toute solution de continuité et tout arbitraire. Avant donc de décider que l'Italie, affranchie de l'Autriche, de la Papauté et des Bourbons, formerait une seule monarchie parlementaire, militaire, unitaire, sous le sceptre fraîchement converti au libéralisme de la maison de Savoie, il convenait, ce semble, de rechercher quelle était ici la loi dé l'évolution historique. Avant d'imposer à vingt-cinq millions d'hommes, réveillés en sursaut, un nouveau règlement politique, il eût été bien de leur demander auparavant comment jusqu'alors ils avaient vécu. Pourquoi n'en a-t-on rien fait?

Sans doute, les meneurs de Paris et de Turin, redoutant pour leur ambition le jugement de l'histoire, ont voulu s'y soustraire en *escamotant* la question. Ils ont pensé, avec M. de Girardin, que le fait serait plus puissant que l'idée; qu'il fallait avant tout procéder à l'exécution, et que, l'Italie exécutée, on ne reviendrait pas du *fait accompli.*

Mais voici qu'au bout de cinq ans l'unité italienne, sabrée par les Cavour, les Garibaldi et autres, est moins avancée que le premier jour ; elle tire la langue et montre la corde ; M. de Girardin lui-même, le père de la fameuse maxime du fait accompli, interprétant la convention du 15 septembre, prouve aux Italiens comme quoi leur unité est placée entre le désarmement et la banqueroute, ce qui veut dire l'abdication ou le déshonneur. Faut-il que j'explique maintenant à M. de Girardin, qui ne paraît pas jusqu'ici s'en être douté, que le fait accompli, si gros qu'il soit, n'est rien, ne sert à rien, ne signifie rien, dès qu'il s'accomplit contre l'histoire elle-même, et que tel est justement le cas de l'unité italienne ?

L'Italie est anti-unitaire, d'abord par sa constitution géographique : nous l'avons démontré dans un premier paragraphe. Elle l'est, en second lieu, par la diversité primordiale de sa population, diversité qui est telle qu'on ne saurait trouver en ce pays le premier noyau de ce que l'on nomme vulgairement ailleurs *nationalité*. J'ajoute, troisièmement, que l'Italie est encore anti-unitaire par la divergence de son histoire et par le problème de constitution politique qu'elle soulève. Du reste, cette antipathie persistante de l'Italie est tout ce que l'on peut concevoir de plus logique. L'histoire étant donnée *a priori* par la population et le territoire, et ceux-ci à leur tour par la configuration géographique, on doit s'attendre que le principe posé par la nature à l'origine des continents, incarné plus tard dans les races, deviendra infailliblement le principe même de l'État. L'esprit et la matière marchent d'accord.

Je ne ferai pas de grands frais d'érudition historique. L'histoire de l'Italie ne ressemble à aucune autre : ses caractères généraux éclatent de prime abord. Il ne s'agit que d'ouvrir les yeux.

Je divise l'histoire entière de la Péninsulte italique en quatres parties : la première, qui s'étend depuis les origines jusqu'à la conquête romaine, vers 145 avant Jésus-Christ ; — la seconde, qui va depuis la réduction de l'Italie en province romaine, 145 avant Jésus-Christ, jusqu'à la chute de l'empire d'Occident, 476 de notre ère ; — la troisième, qui embrasse tout le moyen âge, 476 à 1530 ; — la quatrième enfin, qui est l'âge moderne.

Pendant la première époque, l'Italie, divisée en cent nations différentes, obéissant à sa nature, pose son idée fondamentale, qui est son municipalisme. Elle enfante le *droit de cité*. Mais les destinées supérieures de la civilisation, représentée tour à tour par l'Orient, la Grèce, Carthage et Rome, l'entraînent elle-même ; elle s'efface pour un temps, après avoir contribué de toutes ses puissances, de toutes ses idées, de toutes ses libertés, de toutes ses forces, à la constitution de l'empire, dans lequel se résume, au siècle d'Auguste, la civilisation générale. Quelle a donc été la part des cités italiennes dans cette constitution, devenue celle de l'humanité ? Il n'est pas difficile de le dire : c'est le *droit de cité*, comme on disait à Rome, à l'exemple de toute l'Italie, et comme le répéteront tous les peuples devenus enthousiastes de ce droit ; le *droit de citoyen*, comme nous disions en 89, ou plus simplement le DROIT ; le Droit, que Rome s'est vantée d'avoir appris au monde, que l'antique Orient soupçonna à peine, que la Grèce n'eut pas le temps de développer et de définir ; le Droit est le produit authentique, recueilli par Rome victorieuse, de la vieille Italie.

Avec le Droit s'inaugure l'unité spirituelle du genre humain, symbolisée en même temps, d'un côté par l'empire, de l'autre par l'Église et la papauté. Puis, cette unité révélée, l'empire, c'est-à-dire le soutien matériel qui avait servi à la faire prévaloir, le fatalisme impérial s'évanouit à son tour ; les nationalités reparaissent ; l'Italie revient

à son ancienne constitution : voilà la seconde époque de l'histoire italienne.

Alors commence pour l'Italie la grande épopée.
Le problème est de fondre ensemble les libertés
municipales avec l'unité juridique ; en termes plus
concrets, de donner aux nationalités indépendantes
et aux villes libres un protectorat qui les assure
toutes, et pourtant ne puisse rien entreprendre
contre aucune. C'est le problème de la liberté universelle et fédérative qui se révèle, et dont l'Italie
a pour mission d'essayer la réalisation à l'aide des
idées du temps : 1° l'Église, représentée par le pape,
et 2e l'empereur, devenu chrétien, évêque du
dehors, bras droit du Saint-Père, et sacré par lui.
L'alliance des deux pouvoirs, spirituel et temporel,
autrement dit le pacte de Charlemagne : telle est
la base sur laquelle l'Italie essayera, pendant plus
de mille ans, de fonder la paix et la liberté du
genre humain.

Mais l'alliance des deux pouvoirs est antinomi-
que. Pape et empereur sont en contradiction perpé-
tuelle : tous deux usurpateurs, le premier aspirant
au califat, à l'absorption du temporel dans le spirituel ; le second se jetant dans le schisme, créant
des antipapes, divisant l'Église, mettant la main
sur l'encensoir, bien plus, prétendant hautement

à la domination des cités. Le problème reste donc insoluble, et la mission de l'Italie tomberait à néant, si, tandis que la chrétienté poursuit un idéal chimérique, elle ne se créait à son insu une destinée supérieure, en dehors tout à la fois de l'omnipotence impériale, tendant à la tyrannie, et de l'absolutisme pontifical, devenu idolâtrie et anti-Christ. Or, c'est ici que brille de tout son éclat le génie politique de l'Italie. Opposant tantôt l'empereur au pape, tantôt le pape à l'empereur, tour à tour guelfe ou gibeline ; trouvant en outre, soit dans l'empereur d'Orient, auquel se rattachent grand nombre de villes, soit dans le royaume (France ou Italie), de nouveaux contre-poids, l'Italie, par son initiative opportune, par sa décisive influence, par l'éclat de ses exemples, a sauvé la société chrétienne de ce double absolutisme dont le principe, sanctifié par la religion, était enraciné au plus profond des consciences. Elle a usé l'un par l'autre la papauté et l'empire ; elle a contenu, dévoré ses rois ; et quand, épuisée par une si longue lutte, accablée par l'ambition des princes et l'imbécillité des peuples, elle fut mise hors de combat, le péril était passé ; l'antique raison sociale, pape-empereur, était abrogée ; la *Renaissance*, la grande révolution du XVe siècle, était accomplie, et la

Réforme, la grande révolution du XVIe, préparée par ses propres mains, se faisait. Depuis la prise de Florence, 1530, qui mit fin à ce que l'on peut hardiment nommer l'hégémonie italienne, l'Italie se repose. Le gouvernail du progrès a passé de ses mains d'abord à celles de l'Espagne, puis de l'Allemagne, de la France : où est-il aujourd'hui ? Quelle est à cette heure la nation rectrice ?... L'Italie attend qu'on lui révèle sa destinée, et nous n'avons su que lui répondre : Monarchie constitutionnelle, royaume unitaire ! *Risum teneatis.*

L'Italie se présente à la génération actuelle dans la perpétuité et dans les oppositions de son histoire ; elle s'affirme simultanément comme municipale ou fédérale, romaine ou unitaire ; impériale, ici avec l'empereur de Constantinople, là avec l'empereur germanique ; papale avec Bellarmin, et antipapale avec les conciles ; féodale, épiscopale, royale, nobiliaire, guelfe et gibeline, rustique et bourgeoise, réformatrice et orthodoxe. Et elle vous demande, à vous tous tribuns et faiseurs, traîneurs de sabres et doctrinaires, qui disposez de l'opinion et conduisez le mouvement, ce que vous voulez enfin qu'elle soit, ce que vous-mêmes vous êtes.

. Allons ! monsieur de Girardin, l'homme aux cent

mille idées, qu'en pensez-vous? L'Italie sera-t-elle royaume? Mazzini eût voulu pouvoir dire non ; Garibaldi, l'ancien soldat de la république, Garibaldi, faisant de la bascule, a dit oui. Quélle est votre opinion? Vous êtes, dites-vous, pour le *fait accompli*. Eh bien, le fait accompli, quand il s'agit de royaume, n'est rien moins que sûr en Italie. Depuis l'ancien Brutus, l'Italie dévore ses royaumes. Tout le monde sait quelle horreur inspirait à Rome le nom de roi. Sans remonter plus haut que la fin de l'empire d'Occident, l'Italie engloutit l'une après l'autre toutes ses formations monarchiques :

Royaume des Hérules,	476 — 493 ;
Royaume des Ostrogoths,	493 — 554 ;
Royaume des Lombards ,	568 — 774 ;
Royaume des Francs,	774 — 887 ;
Rois féodaux,	888 — 951 .

Vous pouvez y joindre le royaume de Napoléon Ier, 1804—1815.

Vous me direz que ces royautés périssent les unes par les autres, par la rivalité des princes et l'agitation des peuples. Sans doute, les armes sont barbares ; mais la pensée est italienne : toujours, dans ces catastrophes royales, vous rencontrerez l'action indigène, souvent même celle du pape. La malédiction de l'Église pèse sur la royauté. Sur un seul point le royaume paraît tenir, c'est à Naples. Indice d'une nationalité différente et d'un autre rayonnement. Et pourtant regardez-y encore : depuis la conquête normande, vers 1016, si le royaume s'est maintenu, la dynastie a maintes fois changé : Normands, Angevins, Aragonais, Allemands, Hongrois, Espagnols, les rois sont de tous les pays, excepté des Deux-Siciles. Cela promet-il beaucoup, à votre avis, pour l'ancien roi de Chypre et de Jérusalem, Victor-Emmanuel ?

Soufflée par ses parrains, l'Italie demande Rome pour capitale. Croyez-vous ce vœu de l'Italie parfaitement réfléchi, parfaitement authentique ? Prenez le parti que vous voudrez, et vous allez voir que vous êtes dans l'erreur. Rome n'est plus qu'un tombeau, qu'une chapelle sépulcrale. On s'accorde généralement à le reconnaître. Tout ce qui fit d'elle autrefois la ville éternelle, l'égale du monde, *urbi et orbi*, religion, empire, papauté, tout cela est mort, dit fort bien M. Petruccelli della Gattina, et rien ne saurait le ressusciter. Rome est à ras du sol, au niveau de Memphis, de Ninive et de Babylone. Rome, capitale d'un État moderne, est un idéalisme insensé, le rêve d'une ombre. Et pourtant, supprimez Rome de la pensée des Italiens , aussitôt s'évanouissent les idées d'unité, de centralisation, d'empire, de royaume ; il faut, bon gré mal gré, s'en tenir à la fédération. C'est que, comme j'ai l'honneur de vous le dire, l'unité en Italie est un pur idéalisme, qui ne peut se soutenir qu'autant qu'on lui donnera Rome, un autre idéalisme, pour expression. Quel service, s'écrie à ce propos M. Petruccelli della Gattina, on rendrait à l'Italie unitaire, si on la débarrassait de cette vieille Rome, si on faisait sauter Saint-Pierre et tous les monuments !... Il ne s'aperçoit pas que, Rome détruite, le mirage unitaire s'évanouirait. Tels sont les prestiges et les nécessités de l'histoire.

L'Italie est restée catholique, je suppose. Une nation ne change ses croyances que sous l'impulsion d'une révolution intérieure ; et ni la renaissance, ni la réforme, ni la philosophie du XVIIIe siècle, ni la philosophie allemande, ni la révolution française, ne paraissent jusqu'à ce moment avoir été de force à faire perdre aux Italiens leur foi. Il y a en Italie des athées, des libertins, des déistes, quelques protestants peut-être : les individus sont ce qu'ils peuvent ; la société est demeurée catholique. Est-elle également papiste ? A en juger d'après la clameur que soulève contre lui le pouvoir temporel, on pencherait vers la négative ; en y réfléchissant, on reste dans le doute.

En Italie, plus que partout ailleurs, la difficulté d'accorder la conscience religieuse avec la constitution politique est extrême. On conçoit parfaitement, en France, en Autriche, en Bavière, en Belgique, en Pologne, en Espagne, etc., l'État et l'Église séparés, délimités et vivant ensemble ; en Italie, c'est autre chose. Ici, le catholicisme est plus qu'une religion de l'État ou de la majorité des Italiens ; c'est l'Église mère et maîtresse de toutes les Églises catholiques du globe, le centre et le sommet du christianisme orthodoxe répandu sur la terre. Or l'Italie n'a aucune envie d'abdiquer l'honneur du souverain pontificat, scandale, si l'on veut, de la raison philosophique et de la raison d'État, mais gloire principale de l'Italie.

De là reconnaissance dans le pontife romain d'une puissance supérieure à celle des évêques, archevêques et cardinaux des autres pays ; nécessité, par conséquent, entre l'Église et l'État, d'une conciliation ou pacte autre qu'un simple concordat. C'est là une question de pratique contre laquelle il ne sert à rien de rager et de ruer. Le catholicisme est en majorité dans l'Italie ; la

papauté en est le représentant ; elle a pour auxi-
liaires les catholiques de tous les pays : force est
donc de compter avec elle. Les rares philosophes
que possède l'Italie, tels que M. Petruccelli della
Gattina, voudraient voir le peuple avec eux, la
papauté au diable ; à leur grande confusion, ils ne
sont pas suivis.

Opérer une révolution dans les croyances de
l'Italie, c'est un pouvoir qui n'a pas été donné à
ses penseurs : les choses en sont là. Ni le sabre de
Victor-Emmanuel ni la parole de M. de Cavour
n'ont été capables de trancher ce nœud plus que
gordien. On avait proposé, m'a-t-on dit, dans ces
dernières années, au parlement de Turin, une
constitution civile du clergé. On déclama à l'envi
contre le pouvoir temporel : quand il fallut voter,
il ne se trouva personne. Un jour, un membre du
parlement, qui s'était montré plus acharné que
les autres, se présente à la communion dans sa
paroisse. Le curé, reconnaissant en lui un des
plus violents ennemis du saint-siége, lui refuse
le sacrement. Que fait l'excommunié? Il assigne
son pasteur devant le juge civil !... Ce représentant
du peuple peut-il se dire ennemi de la papauté?
De longtemps on n'admettra chez nos voisins que,
dans un État constitutionnel dont le premier prin-

cipe est la tolérance, la loi soit athée ; de longtemps l'Italie ne consentira à répudier son pontificat : elle ne se croirait plus chrétienne. Or le pontificat n'existe qu'avec une large part de pouvoir temporel. M. de Girardin est-il en mesure, dans son système d'unité, d'accorder ces deux choses ?

J'ai entendu Ferrari soutenir que, de même que l'Italie, en dépit de toutes ses corruptions, n'a pas cessé d'être chrétienne et papiste, de même elle n'a pas non plus cessé d'être impériale ; toujours gibeline, par conséquent, et toujours guelfe, l'un ne va pas sans l'autre. Et l'opinion de Ferrari paraît fondée : le jour même où l'empereur François-Joseph lâchait la Lombardie, l'empereur Napoléon III était porté en triomphe, proclamé libérateur. C'est qu'en effet, qui dit empire, en Italie, dit, depuis Charlemagne, protectorat, un pouvoir qui, balancé par le pontificat, limité par les franchises municipales, n'exerce aucune autorité sur les villes, n'a le droit de leur imposer ni loi ni contribution, mais est tenu par son titre de les défendre contre leurs guerres civiles et les attaques de l'étranger. C'est, je vous l'ai dit, ce qu'on appelle le pacte de Charlemagne. Aujourd'hui comme il y a mille ans, l'Italie paraît imbue de cette singulière idée : un pouvoir qui la protège et

ne lui commande pas. Sans cela point d'Italie.
Mais plus les Italiens éprouvent le besoin de ce
protectorat, plus ils s'en méfient, sachant à mer-
veille qu'en politique celui qui protége est le
maître.

Que ne se protégent-ils eux-mêmes, direz-vous;
que ne s'affranchissent-ils, que ne se défendent-ils
eux-mêmes?... C'est aussi ce qu'ils ont cru faire
en nommant roi Victor-Emmanuel et en décrétant
l'unité ; mais en quoi ils reconnaissent s'être
trompés lorsqu'ils signent la convention du 15 septembre, et que, sur le conseil de M. de Girardin,
ils désarment. Au lieu de guerroyer, l'Italie, soit
qu'elle ne se sente pas assez forte, soit qu'elle juge
que cela coûte trop cher, bat en retraite devant la
banqueroute. Quelle foi dans son unité! M. de
Girardin aurait-il quelque moyen de résoudre
cette difficulté tout italienne?

Ainsi, par ses traditions et ses idées, comme
par sa géographie et ses races, l'Italie est en contradiction permanente avec l'unité, sans cesse
opposant l'un à l'autre, dans l'intérêt de ses franchises, empire, royaume, papauté, et cherchant
au-dessus des nuages, dans cet antagonisme éternel, une synthèse impossible. Avant tout. l'Italie
tient à ses libertés régionales et municipales ; elle

est fédéraliste et ne s'en cache pas. Dans ce but elle fait appel tour à tour à l'empire, et l'empire veut être son maître; à la papauté, et la papauté la trahit; au royaume, et le royaume, autocratie déguisée, lui répugne. Pour consolider son autonomie, l'Italie demande Rome; mais qu'est-ce que Rome sans la papauté? Un sépulcre blanchi. Dans ses impatiences, elle irait jusqu'à abjurer la religion de ses pères : *No popery*, s'écrie-t-elle avec ses bons amis les Anglais; et elle n'en a pas le courage.

Les exemples pourtant ne lui ont pas manqué. L'Italie a vu passer la réforme, et elle a ri de cette comédie finissant constamment par des mariages : voyez Luther; voyez Henri VIII; voyez le landgrave Philippe de Hesse; voyez Jean de Leyde.

La révolution française est venue. Après la chute du premier Napoléon et les restaurations qui suivirent, on voit se former en Italie les sociétés de *carbonari*. C'est le jacobinisme de 93, avec sa république une et indivisible, son déisme à la Robespierre, *Dio e popolo*, qui se fait ultramontain. Contrefaçon et anachronisme. Les jacobins se sont faits, sous le premier empire, comtes et barons; sous la restauration, comédiens de libéralisme ; après 1830 et 1848, conservateurs et réactionnaires. L'Italie a eu mieux que cela : ses gibelins et ses guelfes étaient à cent piques au-dessus de nos déplorables jacobins. Maintenant le jacobinisme est fini : Mazzini est sans influence en Italie.

Dégoûtée du jacobinisme et du carbonarisme autant que de ses gibelins et de ses guelfes, l'Italie, depuis 1859, s'est déclarée, sous les auspices de Garibaldi, libérale, doctrinaire, c'est-à-dire monarchique constitutionnelle et bourgeoise. La voilà en pleine bascule. Contrefaçon et anachronisme. En fait de doctrinarisme politique et de bascule, les Italiens en savent plus que nous. Qu'ils revoient leurs auteurs et relisent leurs annales !... Certes, la monarchie constitutionnelle a laissé en France de meilleurs souvenirs que le triumvirat de Robespierre, Saint-Just et Couthon ; mais on peut dire que nous n'en sommes plus là et qu'il est peu probable que nous y revenions. Or, si la monarchie constitutionnelle, usée chez nous en trente-trois ans, convient si peu au caractère français, peut-on dire qu'elle convienne mieux au caractère italien ? M. de Girardin, qui fut un jour le conseiller intime de Louis-Philippe, oserait-il en répondre ?

L'Italie se cherche et ne se trouve pas. Ballottée entre ses républiques, ses empereurs, ses papes et ses rois, n'ayant pas su débrouiller l'énigme de ses antiques fédérations, elle s'agite dans un impuissant désespoir. Par moments il semble qu'elle aille ressaisir, comme jadis, l'oriflamme révolutionnaire, et conduire les peuples à l'affranchissement final. Dernière hallucination, qui achève de mettre à nu le contre-sens historique de l'unité italienne. Non content de patronner, dans son pays d'adoption, la monarchie constitutionnelle, Garibaldi, chef du parti de l'action, fait alliance avec toutes les aristocraties de l'Europe. Garibaldi est partisan de la restauration polonaise; il conspire avec Kossuth et les Magyares; il fait la cour aux lords d'Angleterre. En vérité, l'illustre chemise rouge n'est pas de son temps. Quand le czar Alexandre II, expropriant les nobles, donne aux paysans la liberté, la propriété et la juridiction; quand l'empereur François-Joseph, entrant enfin dans la voie ouverte par le fameux congrès de Vienne, fait de l'Autriche un empire représentatif et fédéraliste; quand les classes ouvrières d'Angleterre marchent à la conquête de leurs droits politiques et à la destruction des monopoles, tendre la main aux aristocraties, comme le fait Garibaldi, n'est-ce pas prendre à rebours et la Révolution et les nationalités ?

Poussée hors de sa voie par ses dictateurs, ses journalistes, ses héros et ses pédants, la malheureuse Italie se consume à petit bruit ; elle fait pis encore, elle est devenue, entre les mains de ses agioteurs politiques, un instrument de contre-révolution ; et tous, tant que nous sommes, nous pâtissons de ses erreurs et de ses fautes.

IV

Question politique et économique.

S'il est évident, d'une évidence immédiate, que l'Italie est antiunitaire, d'abord par sa constitution géographique, en second lieu par la division originelle de ses nationalités, troisièmement par le problème compliqué de son histoire ; s'il est certain que cette triple incompatibilité est l'expression d'une triple loi, loi de la nature, loi de la vie, loi de l'esprit, on se demande quel intérêt, quel prétexte, les chefs du dernier mouvement italien ont eu de pousser leurs conationaux à une politique que contredisent à la fois les traditions, la liberté et la nature. D'où vient cette conjuration si nouvelle en Italie de l'arbitraire contre l'indépendance, contre le sol, contre le sang, contre l'esprit des Italiens ?

Après avoir longtemps cherché, voici ce que j'ai découvert. On m'a dit :

Vous prêchez des convertis. Italiens, nous sommes tous, autant que vous, républicains et fédéralistes ; nous nous moquons des empereurs et du roi autant que de Rome et de son pape. Mais il ne s'agit point de tout cela, et vous n'êtes pas même à la question. Nous avons voulu l'unité comme machine de guerre et instrument de garantie. Nous l'avons voulue, et nous avons repoussé la fédération : 1° parce qu'avec la fédération nous désespérions d'expulser nos principes, dont nous tenions pourtant à nous défaire ; 2° parce que, alors même que nous fussions parvenus à les chasser, la fédération, selon nous, les aurait ramenés ; 3° parce que, les princes rétablis, le pape à la tête, la fédération italienne n'aurait plus été ce que nous voulons qu'elle soit ; 4° parce qu'à défaut des princes déchus, dont il s'agissait pour nous d'empêcher le rétablissement, nous pouvions encore voir revenir à Naples le fils Murat, à Florence

un Bonaparte quelconque, et que l'Italie ne veut
pas plus des Bonaparte et des Murat que des Bourbon et des Hapsbourg ; 5° parce que, tant que
l'Italie ne sera pas libre jusqu'à l'Adriatique, l'Italie ne pourra pas se fédéraliser, et que le seul
moyen qu'elle ait de s'affranchir est de grouper
ses forces de manière à tenir tête à la fois, d'un
côté à l'Autriche, de l'autre à la France impériale.

Telle est l'idée que caressent au fond de leurs
cœurs les patriotes italiens, idée que la bourgeoisie
constitutionnaliste s'est chargée de répandre, et
dont profite en attendant la dynastie sarde. Et
c'est à quoi j'ai répliqué dès le commencement :
Mensonge et mystification. Ce n'est ni contre les
empereurs, ni contre les princes, ni contre la papauté, qu'a été ourdie cette intrigue piémontaise :
c'est contre vous-mêmes, ô Italiens ! pauvres dupes,
et je le prouve.

En thèse générale, on ne saurait admettre qu'aucun intérêt, si grand qu'il puisse être, puisse aller
jusqu'à violer la nature même des choses. Or, tel
est ici précisément le cas : l'application de l'unité
politique à l'Italie crée une impossibilité tellement
radicale qu'elle ne permet pas même l'hypothèse.
On conçoit que la France de 1814 hésitât, après la
chute de Napoléon, entre la république et la mo-

narchie; qu'elle se dît que, pour en finir au plus tôt avec l'invasion, le retour à la royauté légitime était le parti le plus sûr. La France avait été pendant quatorze cents ans gouvernée par des rois; elle comptait, depuis la conquête de César, vingt siècles de régime unitaire, et nous avons vu que sa constitution ethnographique et territoriale se prête à une centralisation beaucoup mieux que celle de la Péninsule. Ici, les choses né vont plus de même : l'unité, c'est la dénaturation de tout un pays, la dénationalisation de dix peuples; c'est la transformation arbitraire de vingt-cinq millions d'âmes, en dépit du sol, des races, des idées. Que le faux libéralisme de notre époque ait conçu pareil projet, c'est tout simple : ce que veulent ces libéraux est autre chose que ce que cherchent les républicains. Mais que des patriotes sincères se soient laissés prendre à ce machiavélisme, c'est ce dont je ne puis assez m'étonner. Jamais le médecin prétendit-il que pour guérir son malade il avait besoin, au préalable, d'en faire l'autopsie? L'Italie s'unifiant sous le sceptre d'un roi afin de redevenir libre nous rappelle l'histoire des filles d'Eson faisant cuire leur père afin de le rajeunir. C'est celle de notre opposition prétendue républicaine et en même temps dynastique; chacun a pu juger depuis dix-huit mois quel profit la liberté a retiré parmi nous de son serment à l'Empereur.

Dans l'espèce, j'ajoute que les allégations des unitaires sont toutes fausses. Il est faux qu'en 1860 le principe fédératif fût lié, en Italie, soit au maintien, soit au retour des princes, tandis que l'unité leur serait essentiellement contraire. Ce qui est unitaire, en Italie, nous l'avons prouvé d'après l'histoire, c'est, avec le catholicisme et la papauté, l'empire, le royaume, le principat; ce qui est fédéraliste, ce sont les villes, c'est la république. Comment a-t-on pu faire croire aux peuples de l'Italie qu'après Solferino le blanc était devenu noir et le noir blanc? Soutenir que la fédération serait plus favorable aux princes exclus que l'unité monarchique constitutionnelle, c'était affirmer une double fausseté, savoir que la fédération a été depuis mille ans conservatrice et immobiliste, et qu'elle allait le redevenir encore; tandis que l'Eglise, l'empire, le royaume, l'unité, en un mot, se montrerait, comme toujours, réformatrice, progressiste, révolutionnaire.

On dit que sans l'unité l'expulsion du roi de Naples, celle des ducs de Toscane, Parme et Modène, plus tard la déchéance du pape comme prince temporel, étaient impossibles. A quoi j'ai répliqué

que, si on l'entendait au point de vue des personnes,
on était dans le vrai : l'Italie, qui naguère avait
cinq ou six princes, n'en a plus qu'un ; mais que,
si l'on raisonnait au point de vue des principes,
on se trompait du tout au tout, l'unité nouvelle
étant d'une bien autre valeur, et comme autorité
et comme centralisation, que les cinq ou six petits chefs d'État par la grâce de Dieu. On a donc
menti quand on a fait valoir, en faveur du nouveau royaume, la destitution des anciennes ma-
jestés. Le seul fait de la division de l'Italie en six
principautés constituait un premier fédéralisme,
une sorte de démocratie des cités, que le royaume
unitaire est en train de faire disparaître.

Il est faux enfin que la nécessité de grouper en
une seule main les forces de l'Italie dût passer
avant toute autre considération. J'ai fait voir l'il-
lusion de ce calcul, d'abord en montrant, par des
exemples célèbres, que les confédérations peuvent
déployer autant de force guerrière que les monarchies ; puis en faisant voir que, l'unification de
l'Italie fût-elle réalisable, les deux empereurs, et
comme chefs d'États militaires, et comme protec-
teurs rivaux de la catholicité représentée par le
pape, lui demeureraient contraires ; qu'ils s'en-
tendraient toujours pour l'empêcher : l'objet de

leur antagonisme au delà des Alpes n'étant nulle-
ment l'indépendance des masses italiennes, mais
leur propre influence sur elles. Me suis-je trompé
dans cette appréciation? Qu'est-ce donc que le
traité de Villafranca? Qu'est-ce que l'occupation de
Rome par les Français? Qu'est-ce que la protesta-
tion de Napoléon III contre la conquête de Naples?
Qu'est-ce enfin que cette convention du 15 septembre, par laquelle le roi d'Italie, le roi unitaire,
entendez-vous? menacé d'être mis en banqueroute,
s'oblige à monter la garde du Saint-Père à la place
des Français? Et la perspective d'une dynastie muratiste à Naples, d'une autre bonapartiste à Florence ou ailleurs, s'est-elle évanouie dans l'unité?
Que signifie alors le mariage du prince Napoléon
avec une princesse piémontaise? Voilà donc où en
est réduite cette fière unité! Voilà à quoi devait
servir le million de soldats exigé par Garibaldi!
Il a suffi à Napoléon III de dire un mot à l'oreille
de son bon ami Victor-Emmanuel pour faire de
cet ami un soldat du Saint-Père dévoué et fidèle!
Que les Escobars de la presse française ergotent à
présent tant qu'ils voudront sur le sens de la convention du 15 septembre, il n'en est pas moins
vrai qu'elle a mis à nu l'impossibilité d'une Italie
qui, entre la France et l'Autriche, voudrait se ren-

dre unitaire, par suite, son impuissance. L'abdication ou la banqueroute ! lui crie par la bouche de
M. de Girardin le gouvernement impérial. Et dans
l'un comme dans l'autre cas, la honte, reprend
tristement M. Petruccelli della Gattina. A quoi
je me permettrai seulement d'ajouter, en guise
d'*amen* : A qui la faute ?

Si les motifs apparents, plus ou moins officiels,
qu'on a donnés de l'unification de l'Italie, sont évi-
demment mensongers, il doit en exister d'autres
qu'on n'a pas osé dire, et que nous n'aurons pas de
peine à découvrir, d'après la logique fatale de
l'intrigue et du charlatanisme. On a voulu l'unité
de l'Italie, on l'a voulue coûte que coûte, contrairement à sa constitution géographique, contrairement au caractère et au vœu de ses populations,
contrairement aux données de son histoire, contrairement, enfin, à toutes les conditions d'une
saine politique : nous venons de le prouver. L'a-t-
on voulue du moins, cette unité, par de hautes considérations d'économie sociale ? Non, puisque ce
qui est antipathique à la liberté, contraire à une
bonne exploitation du territoire, incompatible avec
les données de l'histoire, la tendance des peuples
et les nécessités de la politique, ne saurait dans aucun cas être d'une bonne économie. Voyez plutôt.

L'Italie a été, comme la France, comme toutes les nations modernes, piquée de la tarentule de l'agiotage. Ce qu'a voulu la bourgeoisie italienne, à l'instar de celles qu'elle a prises pour guides et pour modèles, ç'a été de faire de l'argent, *make money*, beaucoup d'argent ; ç'a été, rêve impie, d'escompter ses richesses naturelles dans le plus bref délai, sans souci des générations futures, comme nous faisons nous-mêmes, surtout depuis 1830, et encore plus depuis 1852 ; comme font aujourd'hui tous les peuples, sous l'instigation de molochisme judaïco-britannique.

Dans une de ses lettres à M. de Girardin, M. Petruccelli della Gattina, unitaire à ce qu'il paraît, par pur respect humain, mais fédéraliste par sa science historique et son ardent patriotisme, fait cet étrange dénombrement des partis en Italie ; je cite d'après *la Presse* du 13 novembre :

« Nous sommes, dit-il, en Italie, fédéralistes, 2
« Républicains, pas   25
« Parti de l'action,   zéro
« Tout le reste, une camarilla gouvernementale. »

Ainsi, d'après M. Petruccelli della Gattina, qui

du reste a bien voulu s'y rallier, et qui trouve mauvais que je n'en aie pas fait autant, le parti de l'unité en Italie est une *camarilla gouvernementale*. Nous savons en France ce que cela signifie. Camarilla gouvernementale, c'est la politique d'affaires ; c'est, puisqu'il faut la nommer par son nom, la *corruption*. UNITÉ donc, centralisation, gros traitements, sinécures, monopoles, priviléges, concessions, pots-de-vin, affaires grandes et lucratives, dégagées de tout *alea* par l'intervention des hommes du pouvoir : ce sont là toutes choses qui se tiennent. Anx membres de la camarilla bons entendeurs, salut. En deux mots, M. Petruccelli della Gatina nous a livré le secret de l'unité italienne. Depuis longtemps la puanteur en était montée de Turin à Paris.

Qui dit unité ou centralisation politique, en effet, dit monde des grandes affaires ;

Dit centralisation des capitaux ;

Dit centralisation du crédit à 7, 8, 9 et 10 p. 100 ;

Dit centralisation des hypothèques, inféodation de la propriété, reconstitution des grands domaines, fiefs et majorats ;

Dit aliénation et coalition de chemins de fer ;

Dit accaparement des emprunts d'État ;

Dit féodalité industrielle et mercantile ;

Dit augmentation de l'impôt, multiplication des emplois, développement de la dette publique ;

Dit vente à vil prix des propriétés nationales ;

Dit alliance de la bourgeoisie de l'Etat centralisé avec toutes les aristocraties terriennes, financières et spéculatrices du globe.

Il s'agit bien ici et des Gaulois cisalpins, et des Toscans, et des Romains, et des Napolitains ou Siliciens, et des Piémontais eux-mêmes ! On ne veut plus en Italie que des *Italiens*, comme en France on ne veut que des Français, c'est-à-dire des gens qui ne soient pas de leur pays. Or, ces gens dénationalisés se divisent pour la camarilla en deux groupes : l'un, le plus petit, composé des capitalistes-entrepreneurs-propriétaires, de toute langue et de toute origine, s'appuyant pour son exploitation sur une forte centralisation politique ; l'autre, groupe innombrable, plus spécialement indigène, mais sans capital ni propriété, formé de toute la masse des salariés du pays, d'autant plus sûrement exclus des bénéfices de la richesse publible qu'on les tient par leur infatuation unitaire, et que leur déchéance a été pour ainsi dire décrétée par le suffrage universel même.

L'unité italienne ne compte pas cinq années

d'existence ; ce n'est que d'hier que le mercanti-
lisme centralisateur a été inoculé à la Péninsule ;
et déjà la dette italienne atteint cinq milliards,
aussi rapide en son pacifique accroissement que la
dette guerrière de l'Amérique du Nord. Cette armée
d'un million d'hommes devant laquelle Garibaldi
devait faire fuir les forces de l'Autriche n'existe
que sur le papier ; on y renonce faute de pouvoir
l'armer et la nourrir : que serait-ce s'il fallait encore faire fes frais d'une ou deux campagnes ? Venise n'est pas reconquise : on s'en rapporte pour cet
objet à la logique du temps, protectrice des nationalités. Rome restera au pape jusqu'à nouvel ordre,
d'après la convention du 15 septembre, à moins
cependant que l'empereur des Français ne per-
mette de faire de cette convention un nouveau
guet-apens. Le gouvernement central va faire un
premier déménagement qui lui coûtera cent millions ; entre temps on abrogera de droite ou de
gauche, toujours dans l'intérêt de la sainte unité,
les législations existantes, afin d'établir partout
des mœurs uniformes. Aussi bien ne faut-il pas
que les députés de l'Italie fassent leur apprentissage
parlementaire ; qu'après avoir fondé dans leur
pays l'unité politique, ils organisent l'unité admi-
nistrative et judiciaire, en attendant qu'il leur soit

loisible de consommer leur œuvre par la création
d'une capitale ? Une capitale dans un pays dont
la mer est le vrai centre ; qui par conséquent n'en
peut admettre aucune, précisément parce qu'il y a
place pour soixante ! Voilà quelle a été, dans ces
derniers temps, la grande préoccupation des hommes d'État de l'Italie !

C'est en vain qu'une raison positive crie à ces
empiriques que la centralisation industrielle et
mercantile, corollaire obligé de la centralisation
politique, est incompatible avec la liberté, le bon
marché et la richesse ; que plus chez un peuple la
souveraineté est divisée, plus il y a de chance pour
que la propriété et la rente le soient elles-mêmes ;
que les travaux et les services, la terre et l'impôt,
seront d'autant mieux répartis que le gouvernement
s'approchera davantage d'une anarchie raisonnée :
ils ne veulent rien voir, rien entendre. Pillage et
gaspillage, exploitation et parasitisme, voilà pour
l'économie générale ; — mensonge, corruption et
bascule, au besoin fusillades doctrinaires, voilà
pour le gouvernement : telles sont les mœurs et
institutions nouvelles qu'on a portées, avec l'unité, aux Italiens. Et quand, après la plus atroce des
déceptions, le cœur saigne à ce peuple ; quand
l'indignation et la honte l'étouffent, MM. Petruc-

celli della Gattina et de Girardin sont là pour lui dire, en lui appuyant le couteau sur la gorge : « Le désarmement ou la banqueroute ! » Et sur qui ces habiles essayent-ils de rejeter la responsabilité de cet effroyable dilemme ? Sur les adversaire de l'unité. Ce n'est pas assez que les Italiens soient victimes de la plus détestable des politiques, il faut qu'ils restent convaincus jusqu'à la fin de son excellence ; il faut que quiconque eût voulu leur en épargner l'amertume soit à toujours regardé par eux comme un ennemi.

M. de Girardin m'oppose l'autorité de Sismondi et de Gouvion-Saint-Cyr : pourquoi pas celle de Dante et de Machiavel ? Eux aussi, pour le salut de leur pays, tendirent à l'unité : le second allait même jusqu'à souhaiter la conquête de l'Italie par un souverain étranger. Pourquoi pas encore l'opinion d'Alexandre Dumas père, un homme qui se flatte d'avoir écrit *douze cents volumes*, — quand a-t-il trouvé le temps de réfléchir ? — la troisième plume de notre littérature contemporaine, dont *la Presse* publie en ce moment le 10ᵉ volume contre la dynastie de Naples. Personne, parmi les lecteurs de *la Presse*, ne se fût trouvé pour faire à MM. de Girardin et A. Dumas ces deux observations si simples, que, pour juger de la politique qui convenait le mieux à l'Italie en 1864 , il ne suffisait pas de s'appeler Dante, Machiavel, Sismondi ou Gouvion-Saint-Cyr ; il fallait pouvoir embrasser d'un coup d'œil toute l'histoire italienne , et vivre en 1864 ; — quant à la royauté de Naples, que ce qui avait rendu cette dynastie si abominable, c'était l'abus du principe monarchique, en autres termes l'excès de l'unité, et qu'en conséquence il y avait lieu de conclure non pas au transfert de la monarchie napolitaine de la maison de Bourbon à celle de Savoie, mais à l'abolition de la royauté même.

Comprenez-vous maintenant, Monsieur le Rédacteur, que l'opinion de M. de Girardin en ce qui touche l'Italie me soit suspecte, et que la manière dont il en use à mon égard pourrait bien n'avoir d'autre but que de décliner l'odieux de cette parole cruelle échappée à son indifférentisme : *Le désarmement ou la banqueroute ?*

V

Droit Européen. — Conclusion.

Eh bien, m'allez-vous dire, puisque, selon vous, l'Italie ne saurait à aucun titre devenir unitaire; puisque ni son territoire, ni ses races, ni son passé, ni sa politique bien entendue, ni ses intérêts économiques, ne le lui permettent, déclarez vous-même ce qu'elle doit être, ce qu'elle doit faire. Votre critique de l'unité, si longuement approfondie, vous en fait un devoir. Car, enfin, lorsque Napoléon III vint appeler les Italiens aux armes, quelle que fût son arrière-pensée, eux ne pouvaient honorablement rejeter la proposition qui leur était faite. Ils eussent démérité dans l'estime des peuples. On leur parlait d'affranchissement, *d'affranchissement jusqu'à l'Adriatique*, expression qui semblait impliquer la création d'un nouvel État, adéquat à la Péninsule entière. Ils devaient marcher, saisir l'occasion qu'offrait la fortune. L'Italie est devenue unitaire par l'ambition de quelques-uns et l'entraînement du reste : n'en accusons que la fatalité. L'unanimité des mouvements populaires, la connexité des révolutions, l'analogie des idées, ont tout fait ici. Parlez donc, et, sans accuser les autres ni vous excuser davantage, dites ce que vous eussiez voulu ; donnez enfin votre solution. Il n'est jamais trop tard de dire le droit et la vérité, même devant le fait accompli.

Je parlerai, certes, et en peu de mots, sans circonlocutions ni ambages, non point comme il conviendrait à une assemblée chargée de constituer un si grand pays, mais comme le peut seulement faire un étranger qui ne voit que les principes.

I. — L'Italie, affranchie de l'Autriche, se connaissant parfaitement elle-même, avait tout d'abord une chose à faire : c'était, avant de disposer souverainement de sa destinée, de consulter l'état du droit public européen, les tendances européennes. Elle n'en a rien fait ; elle a agi dans l'individualisme de sa fantaisie : là est sa première, sa très-grande faute.

II. — Si l'Italie, avait compris que plus que jamais elle devait marcher à l'unisson des peuples, au besoin leur servir encore de modèle et de guide, elle aurait vu, chose qui maintenant crève les yeux des plus rebelles, d'un côté, que l'Europe est depuis 1789 et 1815 en progrès continu vers les libertés politiques et économiques ; d'autre part, que ce progrès a pour expression, en ce qui touche l'organisation des États, d'abord, et à titre provisoire, la monarchie constitutionnelle, puis bientôt la démocratie fédérative ; en ce qui concerne l'économie publique, l'union intime du travail et du capital, autrement dit l'abolition des aristocraties et du salariat.

III. — L'Italie se serait dit en conséquence que la solution de son problème historique était indiquée par l'état des gouvernements et les aspirations des peuples ; que cette solution pouvait se résumer en cette formule : une confédération, non plus simplement fortuite et naturelle, mais raisonnée et jurée, où les villes retrouveraient leur indépendance, leurs franchises, leurs traditions, en un mot leur souveraineté entière ; quant à la protection fédérale, qu'elle n'avait qu'à la prendre dans son sein, dans la puissance du droit fédéral et les termes du pacte. Elle aurait vu que ces empereurs, ces papes, ces rois, qui firent tant de bruit dans ses annales et qui la poursuivent encore de leur ombre, n'existèrent chez elle qu'à l'état de symbolismes ; que la réalité politique n'est pas dans ces personnifications, et que le seul moyen de parvenir à la vraie unité, aux vraies garanties, est de commencer par éliminer ces créations ido lâtriques des vieux âges.

IV. — Que dans ces conditions nouvelles l'Italie continuât de donner asile au Pontife romain, moins encore pour elle-même que pour le service du monde catholique, c'était une affaire qui ne regardait qu'elle seule, et qui, conduite par des Rossi, des Gioberti, pouvait, chose bien autrement importante qu'un *Concordat* ou un nouveau protestantisme, avancer singulièrement la transformation du christianisme.

V. — Rien de plus aisé, j'ose le dire, que de mettre ce plan à exécution : il n'y avait, comme je l'ai dit un jour, qu'à saisir au vol les paroles prononcées à Villafranca, et à exercer ensuite, dans l'intérêt de la fédération universelle, la pression morale qui fut employée avec tant de succès au profit de la maison de Savoie et de sa fausse unité. Si l'Italie avait su accomplir cette grande œuvre, elle redevenait *ipso facto*, comme au moyen âge, le centre du mouvement européen, et elle s'acquérait une gloire plus grande que celle que nous avons nous-mêmes conquise par la Révolution. Qui sait du reste ce que l'Italie peut faire encore? On l'a unifiée : ce sera, je l'espère, comme la poudre, qui, plus elle est comprimée, plus elle a de force d'explosion.

Oui, et je ne parle pas seulement ici en mon nom personnel, je parle pour tous ceux qui, comme moi, sans transaction et d'un cœur inflexible, cherchent dans les lois de la nature, de l'économie politique et de l'histoire, les conditions de la liberté. Votre Italie centralisée nous fait pitié et nous gêne; elle nous est antipathique, réactionnaire, et nous n'en voulons à aucun prix. Plutôt la voir cent ans encore autrichienne, bourbonienne, papiste, muratiste et tout ce qu'il vous plaira : elle aura du moins conservé ses cadres.

Me soutiendrez-vous à présent, pour dernier argument, que l'Italie, après une léthargie de plus de trois siècles, consumée dans une si longue dissolution, n'a plus l'énergie nécessaire pour affirmer son fédéralisme, et que tout ce dont elle était capable en 1859 était de se laisser constituer, sous la protection de la France, en monarchie de juste-milieu? Eh bien, alors, qu'il ne soit plus question de l'Italie. Qu'on la raye des puissances comme des nationalités. L'Italie a vécu. Que les deux empereurs qui se sont battus pour elle se mettent d'accord et se la partagent : c'est ce qui peut lui arriver de mieux. La fédération viendra toute seule, et, si l'Italie ne peut rien pour elle, elle n'aura pas du moins de trahison à se reprocher.

FIN.

712 — Paris, imp. de Jouaust, rue Saint-Honoré, 338.